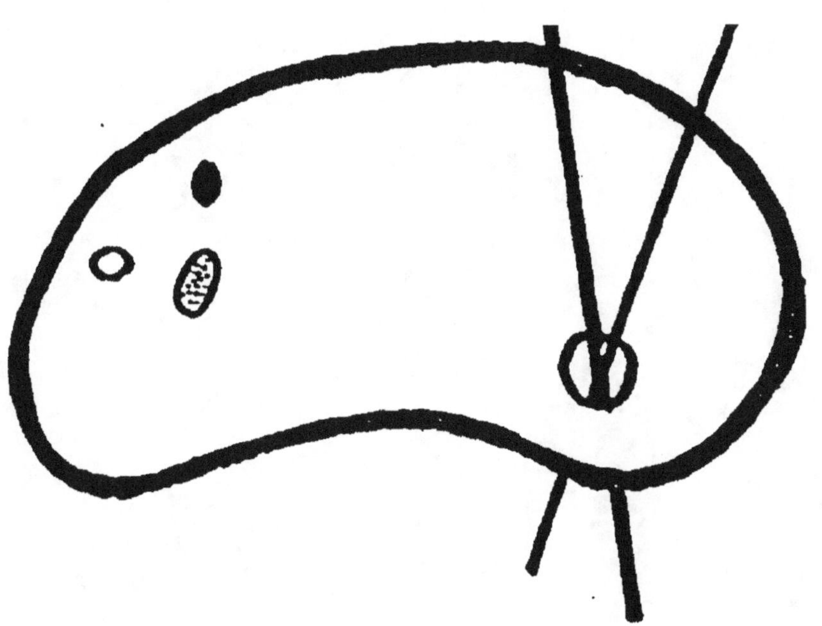

COUVERTURE SUPÉRIEURE ET INFÉRIEURE
EN COULEUR

LA
MARSEILLAISE OBLIGATOIRE

ET

LA SAINTE GUILLOTINE

AUX SABLES-D'OLONNE

De même que le drapeau tricolore plane au-dessus des partis, de même la *Marseillaise* n'a rien à voir avec nos discordes civiles.

(Circulaire de l'Inspecteur primaire *des Sables-d'Olonne*.)

FONTENAY-LE-COMTE

—

1886

LA
MARSEILLAISE OBLIGATOIRE
ET LA
SAINTE GUILLOTINE
AUX SABLES·D'OLONNE

Dans une pompeuse circulaire, qui aura bientôt fait son tour de France, l'inspecteur primaire des Sables-d'Olonne enjoignait récemment à ses instituteurs de faire apprendre et chanter la *Marseillaise* aux enfants de leurs écoles, « avec toutes les marques extérieures d'un respect grave et religieux ». Carnot décrétant la victoire n'était pas plus solennel.

Par ce temps de dévergondage politique et de persécution religieuse, remplacer la récitation de la prière par le chant d'un hymne révolutionnaire est chose tellement naturelle, que je n'eusse pas pris la peine d'en signaler le fait aux aimables naïfs qui croient encore à la neutralité scolaire.

Mais dans ce monument de haute prétention pédagogique, dont M. Goblet ne se pardonnera jamais de n'avoir pas été le père, il est une phrase, une toute petite phrase, qui mérite un bout de réponse.

Voici la phrase :

« *De même que le drapeau tricolore plane au-* » *dessus des partis, de même la* MARSEILLAISE *n'a* » *rien à voir avec nos discordes civiles.* »

La réponse — c'est l'histoire qui va se charger de la donner.

Aux beaux jours de la Révolution, sous ce bienfaisant régime qui a justement été baptisé du doux nom de *Terreur*, les représentants en mission dans les provinces ou près des armées, avaient à l'envi créé des commissions révolutionnaires, chargées de purger le pays de ce qu'on était déjà convenu d'appeler « les suppôts de la réaction ».

Appliquant avec une féroce prodigalité la doctrine professée aux Jacobins par Robespierre — « qu'en politique on doit juger avec les *soupçons* d'un patriotisme éclairé », ces tribunaux de sang, comme les appelle quelque part M. B. Fillon (1), condamnaient à *la cue* et mettaient les accusés en véritables *coupes réglées*.

Vivant de dénonciations, où la sotte puérilité le disputait à l'infâme calomnie, ils sacrifiaient sans scrupules les femmes, les enfants, les vieillards, et frappaient les ouvriers et les paysans, que la Révolution prétendait servir, en plus grand nombre que les nobles, les prêtres et les riches, qui étaient réputés ses ennemis. Vertus, talents, naissance, services rendus, science, fortune, toutes les supériorités étaient devenues des crimes. C'était l'égalité de tous devant la mort — la seule que la première république ait jamais su appliquer.

La ville des Sables-d'Olonne eut ainsi sa commission militaire. Établie, le 1er avril 1793, d'après

(1) *Rech. hist. sur Fontenay*, p. 434.

la loi du 9 mars, elle fut formée à l'élection par les officiers de la division présente en cette ville, et ne tarda pas à fonctionner.

Le 6 avril, en effet, la guillotine, dressée sur une dune située entre la jetée et le remblai actuels, commençait sa sinistre besogne, et, ce même jour, de neuf à dix heures du matin, douze malheureux Vendéens y avaient la tête tranchée.

C'étaient :

Arnaud (Jean), 18 ans, maréchal, d'Aizenay ;

Molé (Jean), 27 ans, farinier, de Légé ;

Chanson (Jacques), 25 ans, de Légé ;

Robin (Louis), 25 ans, tisserand, de Nieul ;

Favreau (René), 29 ans, sellier, de Talmont ;

Thomazeau (André), 38 ans, fermier, de Longeville ;

Touzeau (Pierre), 23 ans, laboureur, de la Genétouze ;

Quéreau (François), 11 ans, de Saint-Georges-de-Pointindoux ;

Chévrier, dit *Pontoizeau* (André), marchand-volailler, de Saint-Hilaire-de-Riez ;

Jannet (Pierre), 23 ans, de Riez ;

Daniel (Pierre), 23 ans, de Saint-Jean-de-Monts ;

Tarraud (Jean), 28 ans, tisserand, de Saint-Jean-de-Monts.

Les fournées de victimes se succèdent alors avec une effrayante rapidité.

Le 19 avril, à quatre heures du soir, douze autres Vendéens montent à l'échafaud :

Perthuzé (Gabriel), 41 ans, chirurgien, de Landevieille ;

Rousseau (Jean), 19 ans, domestique, de Saint-Gervais ;

Barreau (Jean), 31 ans, domestique, de Saint-Gervais ;

Brisard (Noël), 26 ans, laboureur, de Saint-Gervais ;

Laprée (Jacques), 21 ans, domestique, de Saint-Gervais ;

Boucard (Jacques), 31 ans, maçon, de Talmont ;

Fruchard (Louis), 49 ans, maire de Vairé ;

Maroilleau (Jacques), 22 ans, agriculteur, de la Guitière de Saint-Hilaire-de-Talmont ;

Lachaise (François), 43 ans, maçon, de Saint-Hilaire-de-Riez ;

Birotheau (François), 21 ans, maréchal, de Talmont ;

Le 20 avril, à onze heures du matin, c'est le tour de :

Perrocheau (Joseph), 31 ans, maçon, des Sables-d'Olonne ;

Guérin (Pierre), 22 ans, laboureur, d'Aubigny ;

Rivallin (Jacques), 51 ans, marchand, de Vairé ;

Angibaud (Prosper), 35 ans, juge de paix, de Beauvoir-sur-Mer ;

Angibaud, dit *Morinière* (François), 41 ans, de Beauvoir ;

Bourgeois (Denis), 38 ans, employé des douanes, de Saint-Gervais ;

Brochet (Joseph), 31 ans, jardinier, de Saint-Gervais ;

Rabelot (Jacques), 38 ans, maire de Notre-Dame-de-Riez ;

Ocharelle (Pierre), 34 ans, laboureur, de Saint-Nicolas-de-Brem;

Bardon (Jean), 30 ans, laboureur, de Machecoul;

Bouteillé (Jean), 32 ans, marchand, de la Garnache;

Poiraud (François), 34 ans, domestique de Saint-Gervais;

Mineau (Pierre), 55 ans, de la Renaudière du Poiré-sous-la-Roche;

Barreau (Abraham), 37 ans, voiturier de l'île Bouin;

Guittonneau (Nicolas), 51 ans, marchand, de Challans;

Grolier (Louis), 21 ans, laboureur, de Longeville;

Martineau (François), 40 ans, journalier, de la Coutardière de Saint-Vincent-sur-Jard;

Le 22 avril, à dix heures du matin :

Coutanceau (Louis), 29 ans, laboureur, de la Bretinière de Saint-Hilaire-la-Forêt;

Boureau (Louis), 37 ans, charpentier, de Talmont;

Grondin (Jean), dit *Poulin*, 12 ans, farinier, de Bretignolles;

Gautreau (Jean), 22 ans, laboureur, de Landevieille;

Simonneau (Jean-Baptiste), 40 ans, marchand, de Challans;

Meunier (Pierre), 34 ans, tourneur, de Talmont;

Le 23 avril, à quatre heures du soir :

Toublaud (Jacques), 37 ans, farinier, de Saint-Hilaire-de-Riez;

Poissonnet (André), 51 ans, marchand, de Challans ;

Boizard (Charles), 40 ans, tisserand, de la Bris-
sonnière d'Avrillé ;

Gouineau (Augustin), 23 ans, tisserand, de Landevieille ;

Le 27 avril, à trois heures du soir:

Guyon (Pierre), 41 ans, marin, de Croix-de-Vie ;
Geneviés (Pierre), 46 ans, préposé aux douanes,
de Saint-Hilaire-de-Riez ;
Baudry (Henriette-Aimée), 41 ans, « ci-devant
noble », d'Olonne ;
Cavois (André-Ephraïm), 39 ans, officier muni-
cipal, de Saint-Gilles ;
Baudry (Gabriel-René), dit *de la Vaiquière,*
56 ans, de Longeville ;
Robin (Etienne), 42 ans, de l'Aiguillon ;

Le 12 mai, de trois à quatre heures du soir :

Rorthais de la Savarière (René-Louis), 71 ans,
« ci-devant noble », de Beaulieu-sous-la-Roche ;
Charrier (Jacques), 46 ans, laboureur, « ci-de-
vant officier municipal », de Sallertaine ;
Renou (Pierre), 38 ans, marchand, de Saint-
Hilaire-de-Riez ;
Mourain (Charles), dit *l'Herbaudière,* 59 ans,
« ci-devant secrétaire du roy, juge de l'ile Bouin et
maire de Noirmoutier », de Noirmoutier ;
Guittonneau (Jacques), 26 ans, fermier, d'Apre-
mont ;
Delaroze (Jean), 30 ans, laboureur, d'Apremont ;
Tessier (Honoré), dit *Joussemin,* marchand, « ci-

devant sergent de la terre d'Apremont », d'Apremont ;

LATOUCHE (Germain), 31 ans, chirurgien, d'Apremont ;

GOUPILLEAU (Jacques), 59 ans, notaire, d'Apremont ;

FRADET (Louis), 58 ans, notaire et « ci-devant notable », d'Apremont ;

DELAROZE (René), 26 ans, sans profession, d'Apremont ;

Le 18 mai, à trois heures du soir :

POICTEVIN (Suzanne), femme de Jacques-Louis de La Rochefoucauld, 78 ans, « ci-devant noble », de la Boislivière d'Apremont ;

DESNIOT (Alexandre), 11 ans, laboureur, de Saint-Christophe-du-Ligneron ;

Le 21 mai :

ROQUAND (Jacques), 60 ans, laboureur, à la Fourragerie, de Saint-Christophe-du-Ligneron ;

GRIVET (Jean), 40 ans, tisserand, de Commequiers ;

Le 21 mai :

GUILBAUD (René), 22 ou 23 ans, domestique, de la Chapelle-Hermier ;

Le 20 septembre :

VIAUD (Étienne-Benjamin), 31 ans, marin, de Barbâtre ;

BOURASSEAU (René), 56 ans, maréchal et « ci-devant procureur de la commune », de Girouard ;

Le 2 octobre :

D'ANGÉLY (Antoine), 59 ans, ancien garde du corps et chevalier de Saint-Louis, de la Grossetière de Sainte-Foy ;

RATOUIS (Jean), 51 ans, laboureur, de la Ferrière ;

Le 6 novembre, à deux heures :

JOUSSEAUME (Jacques), 52 ans, tisserand, de Landevieille ;

Le 27 frimaire, an II :

DEPAUD (Pierre), 38 ans, laboureur, de la Boissière ;

REMAUD (Louis), 39 ans, fermier, de Sainte-Flaive ;

DOUX (Louis), 58 ans, fermier et maire, de Commequiers ;

GRONDIN (Barthélemy), 62 ans, journalier, de Commequiers ;

GARANDEAU (Jacques), 35 ans, laboureur et notable, de Sainte-Flaive ;

TOUBLAUD (Etienne), 65 ans, maréchal-taillandier, de Commequiers ;

MARTINEAU (Pierre), 49 ans, laboureur et cabaretier, de Beaulieu ;

Le 25 nivôse :

TROUSSICOT (Pierre), 33 ans, maréchal-ferrant, de Commequiers ;

ROBERTEAU (Marie), femme Martineau, 40 ans, de Beaulieu ;

SIRE (Jacques), 50 ans, journalier, de Commequiers ;

Nicoleau (Jean), 37 ans, marchand, de Commequiers ;

Jutard (René), 25 ans, domestique, de Commequiers ;

Roy (François-Aimé), 63 ans, *maître d'école*, d'Aubigny ;

Lefèvre (Florence-Marguerite), femme Obirne, 50 ans, de Beauvoir ;

Bernard (Jacques), 20 ans, laboureur, de Beauvoir ;

Gaillon (Louis), 22 ans, laboureur, de Noirmoutier ;

Le 5 pluviôse :

Thomazeau (Jean), 45 ans, fermier, de Saint-Paul (?) ;

De la Tousche de la Limousinière (Marie-Adélaïde), épouse de Pierre de la Rochefoucauld, 30 ans, « ci-devant noble », de Puyrousseau, en la Garnache ;

Le 2 ventôse, fusillé :

Mainguet (Pierre), secrétaire de la municipalité de la Chapelle-Hermier ;

Le 5 ventôse, exécutés :

Chiron (François), 10 ans, laboureur, de Commequiers ;

Bazin (Pierre), 32 ans, journalier, de la Ferrière ;

Biron (Pierre), 35 ans, journalier, de Commequiers ;

Douin (François), 30 ans, tisserand, du Bernard ;

Fruchard (Louis), 23 ans, domestique, de Landeronde ;

MALARD (Pierre), 18 ans, laboureur, de Saint-André-d'Ornay ;

CHARRON (Pierre), 26 ans, meunier, de Saint-Hilaire-de-Riez ;

Le 6 ventôse :

PHELIPPAUD (Jacques), 55 ans, laboureur, de Dompierre ;

Le 7 :

MULONNIÈRE (Perrine), veuve Cantin, dite *la Chaucière*, 47 ans, de Falleron ;

ESNARD (Louis), 17 ans, laboureur, de la Roche-sur-Yon ;

POUVREAU (Nicolas), 46 ans, journalier, de Châteauneuf ;

Le 12 :

RABILLÉ (Pierre), 50 ans, laboureur, d'Aizenay ;

BRANCARD (Pierre), 62 ans, laboureur, de la Ferrière ;

Le 19 :

MOREAU (Jean), 19 ans, laboureur, de Saint-Hilaire-de-Riez ;

POUCLET (Jacques), 32 ans, farinier, de la Chapelle-Hermier ;

Le 27 :

MÉCHINE (Louis), dit *Desgracière*, 55 ans, chirurgien, de Coëx ;

Le 28 :

GUILLOTON (Pierre), 70 ans, laboureur, d'Aizenay ;

VRIGNON (Jacques), 58 ans, tisserand, de la Chapelle-Achard ;

Le 1ᵉʳ germinal an II :

GAZEAU (Louis-Charles), dit *Boissière*, 80 ans, « ci-devant noble », brigadier des armées du « ci-devant roi », de Grosbreuil ;

Le 8 germinal :

RABREAU (Michel), 42 ans, agriculteur, de Fenouiller ;

Le 17 germinal, fusillés :

CHABOT (François), 41 ans, marchand, de Challans ;

RIOUX (Louis-René-Simon), 61 ans, agriculteur, de Coëx ;

TRICHET (Jacques), 42 ans, laboureur, de la Chapelle-Hermier.

Soit un total de cent dix-huit victimes brutalement immolées, en quelques mois, pour leur fidélité religieuse et politique, et immolées — entendez-le bien, Monsieur l'inspecteur — avec l'accompagnement obligé de la *Marseillaise*.

A cette époque — vous ne refuserez pas de le reconnaître — le « Chant sacré de la Patrie » avait bien quelque chose « à voir avec nos discordes civiles ». Mais vraiment, vous eussiez mieux fait, dans l'intérêt de la cause que vous prétendez servir, de ne pas me contraindre à rappeler ici quelques-uns des innombrables crimes perpétrés en son nom.

Reste maintenant à savoir si les petits-fils des égorgés de 1793 laisseront imposer à leurs enfants les sanguinaires refrains, au chant desquels tombaient jadis les têtes de leurs ancêtres !

R. V.

Fontenay-le-Comte, imprimerie L.-P. Gouraud.